# KREATIVES BASTELSET

# OSTERN

CARLSEN

# Los geht's!

In diesem Set findest du viele tolle Bastelprojekte mit buntem Bastelpapier, Vorlagen, Seidenpapier und Stickern. Viel Spaß!

## Vorlagen

Für viele Bastelprojekte gibt es Vorlagen. Drücke sie einfach aus den Bögen heraus. Zeichne die Konturen nach oder bemale sie und dekoriere sie mit Stickern!

## Papier

Es gibt viele Bögen buntes Bastelpapier zum Ausschneiden, Aufrollen und Bekleben deiner Osterbasteleien!

## Seidenpapier

Für manche Projekte benötigst du Seidenpapier, das du auch in diesem Set findest.

## Sticker

Verziere deine Werke mit verschiedensten Stickern!

## Glitzersticker

Mit den Glitzerstickern kannst du deine Basteleien zum Funkeln bringen!

**Achtung!**
Sei vorsichtig mit Nadeln, lass dir von einem Erwachsenen helfen!

## Du benötigst:

Eierkartons

Kleber

Farbe

Schnur

Nadel

Schere

Lollistiel

Karton

Klebeband

Stifte

Schoko-eier

# Pop-up-Tiere

Mit diesen Pop-up-Tieren können du und deine Freunde gemeinsam spielen. Mit mehreren Figuren kannst du eine Ostervorstellung geben!

**1**

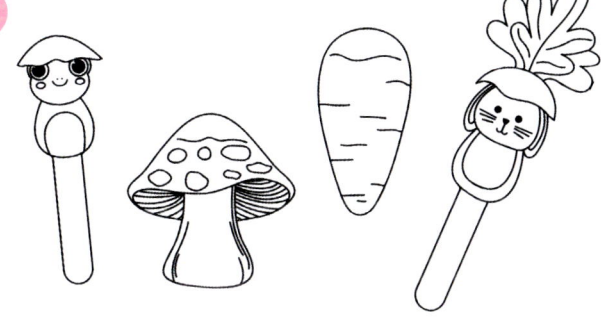

Drücke die abgebildeten Pop-up-Schablonen heraus.

**2**

Bemale die Schablonen in diesen Farben oder ganz, wie es dir gefällt.

Schiebe die Lasche nach oben und hinunter!

**3**

Führe den Griff vorsichtig durch den Schlitz des dazu passenden Teils.

# Osterei-Poster

Gestalte dieses farbenfrohe Fensterposter, das du an einem sonnigen Platz ans Fenster hängen oder kleben kannst. Im Sonnenlicht werden die Farben strahlen!

Drücke das Osterposter aus der Schablone. Bemale es und verziere es mit deinen Stickern.

Hänge mich an ein Fenster und sieh, wie das Licht durchleuchtet!

Drehe es um. Schneide 2 cm breite Seidenpapierstreifen und klebe sie quer auf.

Binde eine Schnur durch die Löcher oben. Klebe noch mehr Sticker drauf.

4

# Hühner-Mobile

Bastle ein lustiges Hühner-Mobile für dein Zimmer oder einen Freund. Mit den Stickern kannst du die Eier hübsch verzieren.

**①**

Drücke die Teile für das Mobile aus der Schablone.

**②**

Bemale die Teile, wie es dir gefällt, und verschönere sie mit Stickern!

**③**

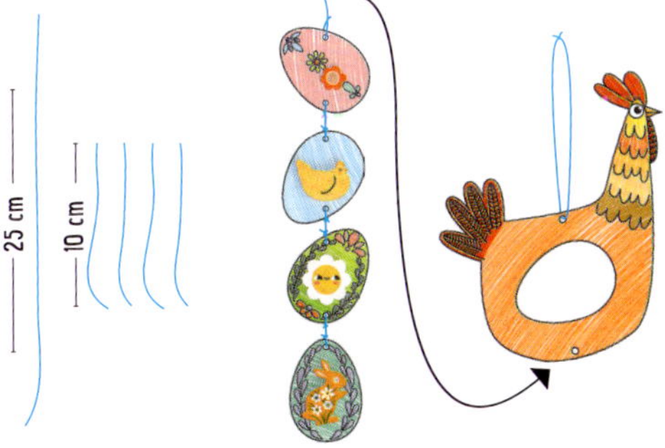

25 cm

10 cm

Schneide fünf Schnüre wie oben gezeigt ab. Ziehe sie durch die Löcher, binde sie zusammen und hänge das Mobile auf!

# Häschen-Eierbecher

Bastle einen niedlichen Häschen-Eierbecher. Gib ein Schokoei hinein und du hast ein tolles Geschenk für einen Freund!

Drücke das Häschen aus der Schablone und bemale es, wie es dir gefällt.

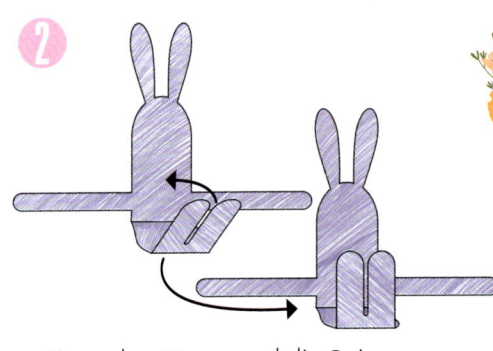

Biege den Körper und die Beine an den Faltlinien nach oben.

Lege ein Schokoei hinein und klebe einen Gesichtssticker darauf!

Biege dann die Arme um die Beine und klebe sie fest.

# Osterkarte

Bastle für einen Freund oder einen lieben Menschen diese Osterkarte. Selbst gemachte Karten sind etwas Besonderes.

**1**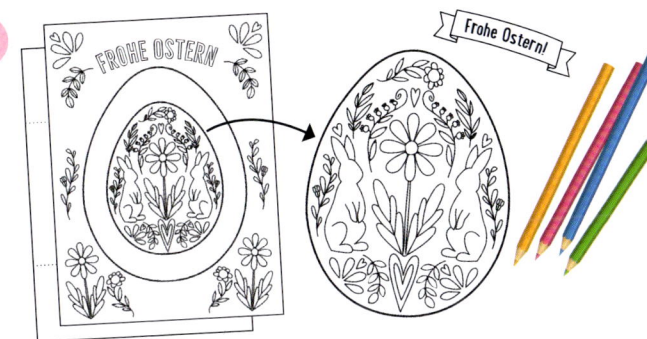

Drücke das Ei aus der Osterkarten-Schablone und bemale es. Dann drücke das „Frohe Ostern!"-Schild aus der Schablone.

**2**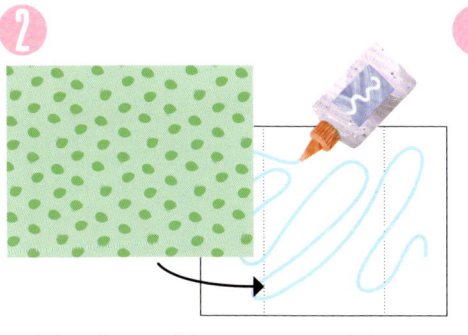

Klebe dein Lieblingspapier auf die Kartenvorlage.

**3**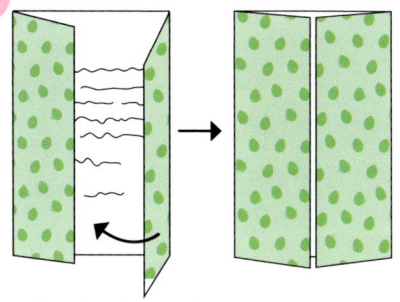

Beschreibe die andere Seite und falte die Klappen entlang der Faltlinien.

**4**

Klebe die Hälfte des Eis auf die linke Seite der Karte und darunter das Schild. Verziere die Karte mit Stickern!

Verschließe die Karte mit einem Sticker.

# Blumenkranz

Für diesen Kranz brauchst du zwei Materialien, die du bestimmt zu Hause hast: stabilen Karton (z. B. von einer Cornflakes-Packung) und einen Eierkarton.

**1** Falte den Karton, lege die Kranzschablone an die Knickkante und fahre sie nach. Schneide entlang der Linie aus und falte den Ring auf.

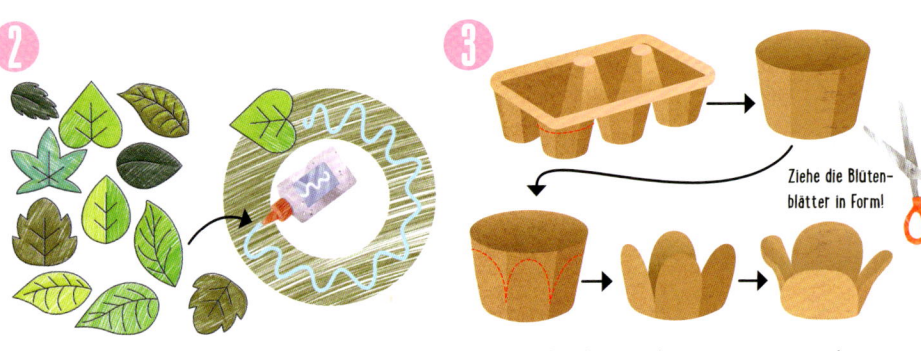

**2** Drücke die Blätter heraus, bemale sie und klebe sie als Deko auf den Kranz.

**3** Ziehe die Blüten-blätter in Form!

Schneide die Becher aus einem alten Eierkarton. Schneide Blütenblätter aus.

**4** Gib zerknülltes Seidenpapier in die Mitte der Blumen.

Bemale deine Blumen farbenfroh und klebe sie auf den Kranz.

Klebe Käfer-Sticker auf deinen Kranz!

# Hasenporträt

Bastle diese süße Deko und finde den perfekten Platz dafür. Hänge das Porträt am besten so auf, dass es alle sehen können!

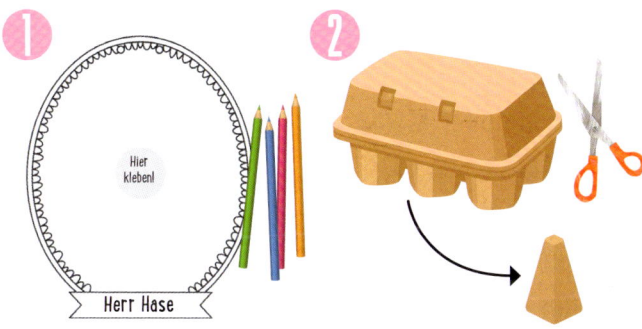

**1** Drücke die Porträt-Schablone heraus und bemale sie.

**2** Schneide aus einem Eierkarton eine Säule.

**3** Nimm Filzstifte und bemale die Säule mit einem Hasengesicht.

**4** Suche Kleidung und Ohren aus den Stickern aus.

**5** Klebe die Sticker und den Hasenkopf auf.

**6** Schneide eine Schnur ab und hänge das Bild auf.

## Für mehr Porträts zeichne die Schablone ab!

Herr Hase

Frau Hase

# Blumenbox

Bastle diese tolle Osterblumenbox. Gib ein paar kleine Ostersachen dazu und schenke sie einem lieben Freund. Zum Schluss klebst du noch ein paar Sticker drauf.

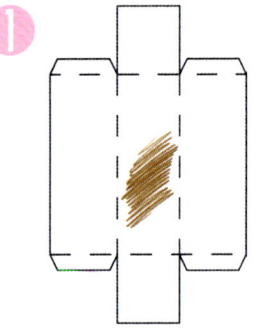

**①** Drücke die Blumenbox-Schablonen heraus und bemale sie.

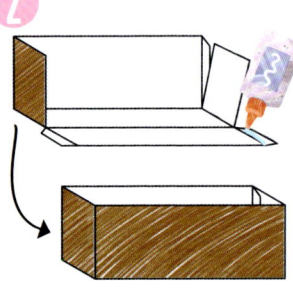

**②** Falte die Seiten der Box. Verklebe die Laschen.

**③** Male die Blumen-Schablonen an.

**④** Setze die Blumen zusammen und klebe sie fest.

**⑤** Klebe die Blumen an die Rückseite der Box.

**⑥** Klebe das Gras und die Etiketten an die innere Vorderseite der Box.

Glockenblume

Narzisse

# Osterkörbchen

Dieses niedliche und bunte Körbchen ist das perfekte Ostergeschenk für einen besonderen Menschen. Fülle es mit kleinen Schokoeiern und Ostersachen.

**1**

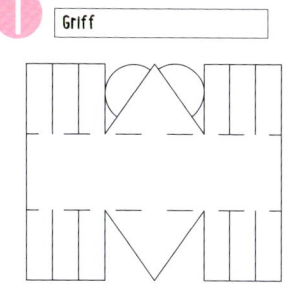
Griff

Drücke die Osterkörbchen-Schablonen heraus.

**2**

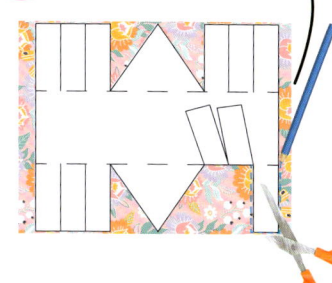

Übertrage eins der Rechtecke auf buntes Papier und schneide es aus.

**3**

Schneide auch bunte Dreiecke, Halbkreise und den Griff aus.

Schneide mithilfe der Schablone 11 weitere bunte Rechtecke aus.

**4**

Drehe die Schablone um. Klebe die bunten Teile auf.

**5**

Falte die Rechtecke nach innen und klebe sie an die Dreiecke.

**6**

**Lege das Körbchen mit Seidenpapier aus und gib ein paar Schokoeier dazu!**

Klebe den Griff rechts und links an der Innenseite fest und klebe außen die bunten Halbkreise auf.

# Schmetterlingsstab

Dieser wunderschöne Schmetterlingsstab hat einen hübschen Papierrock, der im Wind schwingt! Es macht Riesenspaß, ihn zu basteln und anschließend damit zu spielen.

**1**

Drücke die Schablone heraus und verziere sie.

**2**

Rolle buntes Papier um eine Klorolle und klebe es fest.

**3**

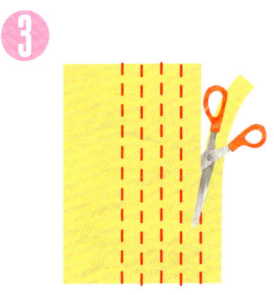

Schneide 1,5 cm breite Streifen aus Seidenpapier.

**4**

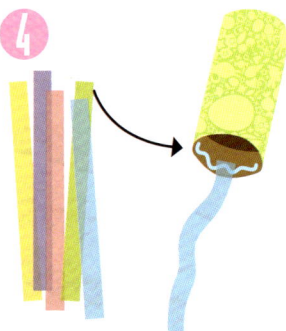

Klebe die Streifen an den Innenrand.

**5**

Klebe die Rolle vorne auf den Schmetterling.

**6**

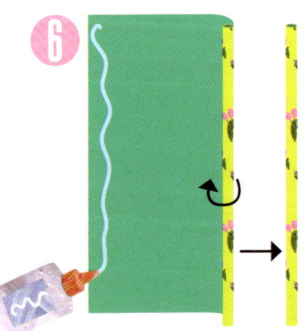

Rolle und klebe Papier zu einem Strohhalm zusammen.

**7**

Klebe den Strohhalm als Griff an den Schmetterling.

Gib ein paar Sticker darauf!

# Vogelkäfig

Nimm buntes Bastelpapier und Sticker und gestalte mit den Vorlagen einen süßen Vogel und einen tollen Vogelkäfig!

**❶**
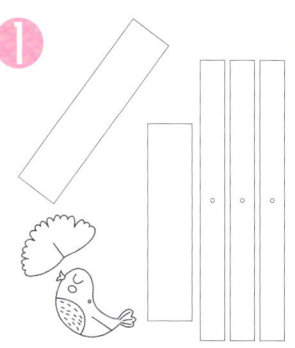
Drücke die Vogelkäfig-Schablonen heraus.

**❷**

Lege die Sockelstreifen auf buntes Papier, schneide sie aus und klebe sie auf die Schablonen.

**❸**
Klebe die beiden Sockelstreifen mit Kleber zusammen.

**❹**
Bemale den Vogel, die Flügel und die drei Streifen.

**❺**
Klebe die Streifen mit Klebeband an.

**❻**
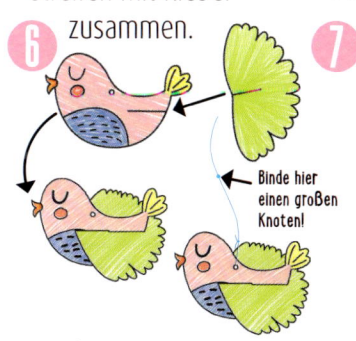
Stecke die Flügel in die Schlitze des Vogels und befestige eine Schnur.

**❼**

Binde hier eine Schlaufe!

Binde hier einen großen Knoten!

Fädle die Schnur zum Aufhängen durch den Käfig.

Verziere den Sockel mit lustigen Stickern!

# Osterstrauß

Bastle aus übrig
gebliebenen
Eierschalen
und deinen
Lieblingsstickern
diesen schönen
Osterstrauß.
Wasche und trockne
die Schalen zuerst!

**①**

**Achtung:** Sei vorsichtig mit Nadeln, lass dir von einem Erwachsenen helfen!

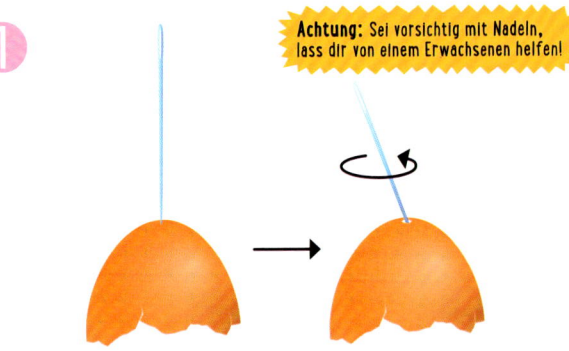

Stich mit einer Nadel vorsichtig ein kleines Loch oben in das Ei und mache es ganz vorsichtig größer.

**②**

Binde hier Schlaufe und Knoten!

Binde hier einen Knoten!

Fädle die Schnur durch das Loch, mache eine Schlaufe und verknote sie.

**③**

Verziere deine Eier mit hübschen Stickern.

**④**

Bemale die Schalen kunterbunt mit Wasserfarben und Filzstiften.

**⑤**

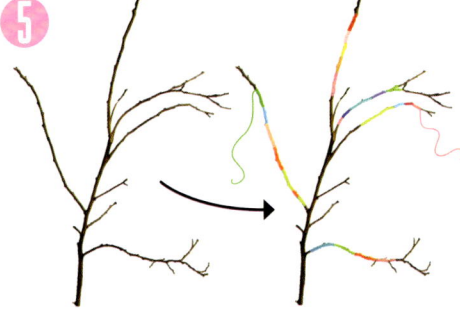

Suche ein paar Zweige. Umwickle sie mit Schnüren und stelle sie in eine Vase.

**6**

Hänge die dekorierten Eier an den Schlaufen in die Zweige.

**7**

Schneide die bunten Blätter aus und klebe sie an die Zweige.

# Blumenstrauß

Schau dir diesen schönen Strauß an! Diese Osterbastelei macht super viel Spaß. Mache ein paar davon für deine Freunde!

Nimm 4 Papierbögen und das braune Papier.

Rolle für den Stängel den grünen Bogen zusammen.

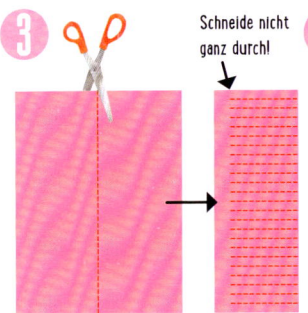

Schneide nicht ganz durch!

Schneide das Papier auseinander und in Streifen.

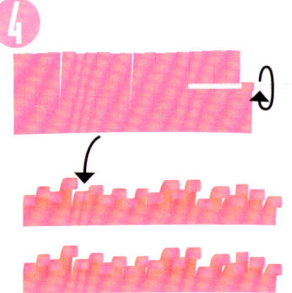

Wickle jeden Streifen zum Kräuseln um einen Lollistiel.

Wiederhole für noch zwei Blumen 2–5 zweimal!

Gib Kleber auf die Rückseiten und wickle die die Streifen um den Stiel.

Gib nun deine schönen Blumen hinein!!

Rolle das braune Papier zu einer Tüte und fixiere es mit Klebeband.